LA CIENCIA DE LAS SOMBRAS

Pamela Hall y Jared Siemens

LIGHTBOX
openlightbox.com

LIGHTBOX

Entre a
www.openlightbox.com
e ingrese el código único
de este libro.

CÓDIGO DE ACCESO

LBXC9933

Lightbox es una completa solución digital para enseñar y aprender temas curriculares de una manera original e innovadora. Lightbox se basa en las Normas Curriculares Nacionales.

OPTIMIZADO PARA

- ✓ **TABLETAS**
- ✓ **PIZARRAS ELECTRÓNICAS**
- ✓ **COMPUTADORAS**
- ✓ **¡Y MUCHO MÁS!**

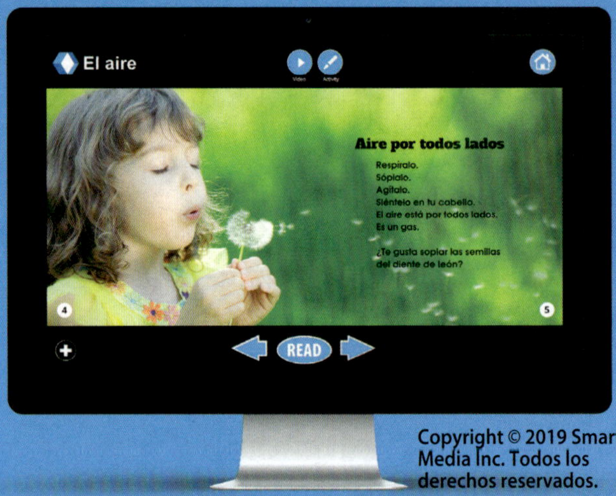

CARACTERÍSTICAS ESTÁNDAR DE LIGHTBOX

AUDIO Narraciones de alta calidad con sistema de texto a voz

VIDEOS Videoclips de alta definición incorporados

ACTIVIDADES PDFs imprimibles que pueden enviarse por correo electrónico y calificarse

ENLACES WEB Enlaces cuidadosamente seleccionados con recursos seguros para niños

PRESENTACIÓN EN DIAPOSITIVAS Ilustraciones gráficas de los conceptos clave

MAPAS INTERACTIVOS Mapas interactivos e imágenes satelitales aéreas

CUESTIONARIOS Diez preguntas de elección multiple con puntaje automático que se envían por correo electrónico al docente para su evaluación

PALABRAS CLAVE Combinación de los conceptos clave con sus definiciones

VIDEOS

ENLACES WEB

PRESENTACIÓN EN DIAPOSITIVAS

CUESTIONARIOS

La ciencia de LAS SOMBRAS

CONTENIDOS

4

Sombras grandes y pequeñas

Se estiran.
Cambian.
Se ondulan y balancean.
Grandes y pequeñas, las sombras están por todas partes.
Las cosas grandes y pequeñas proyectan sombras.

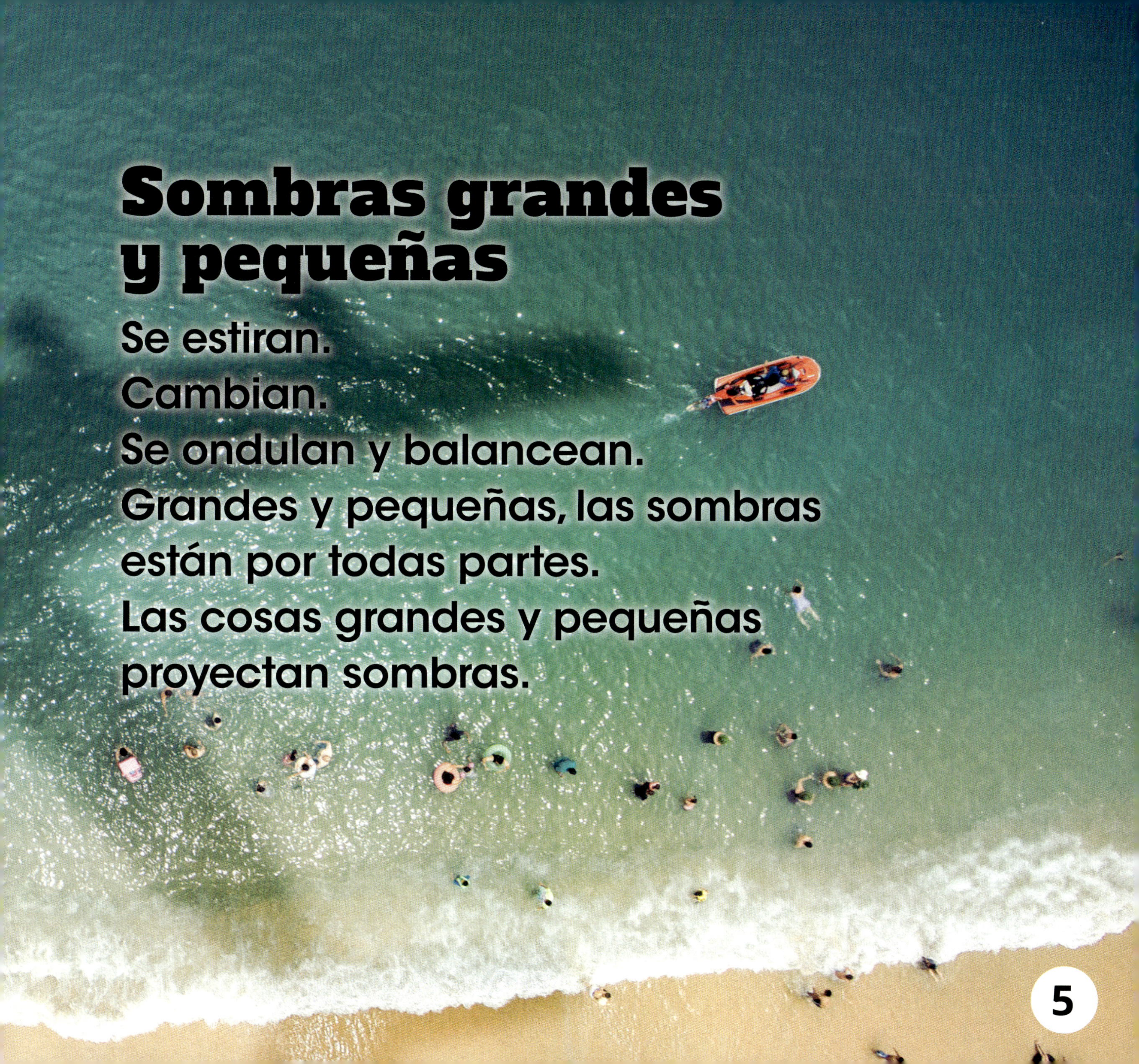

Creando sombras

El sol ayuda a crear
tu sombra.

Los días soleados, tu sombra te sigue a todos lados. Los días nublados, te deja solo. ¿Por qué? Para que haya sombra, se necesita mucha luz. Cuando el sol se esconde, te quedas sin sombra.

Los rayos de luz se mueven en línea recta.
Tu cuerpo bloquea el paso de la luz.
Tu cuerpo proyecta una imagen oscura
en el suelo. ¡Es una sombra de ti!
¡Tu sombra siempre tiene tu forma!

La bicicleta bloquea los rayos de luz y crea una sombra con forma de bicicleta.

10

La mayoría de las cosas proyectan sombra. Las hormigas, los rascacielos, las hojas e incluso los aviones crean sombras. Todas estas cosas bloquean la luz. Son opacas. Pero, hay cosas que dejan pasar la luz. El vidrio es transparente. No proyecta sombra.

El vidrio de una ventana no proyecta sombra, pero los marcos de la ventana sí.

Dando sombra

La sombra es un lugar protegido de la luz del sol. En un día de verano, puedes estar más fresco a la sombra. ¿Qué cosas dan sombra?

La sombrilla más grande del mundo se encuentra en China. Mide cerca de 75 pies (23 metros) de diámetro y 47 pies (14,4 m) de alto.

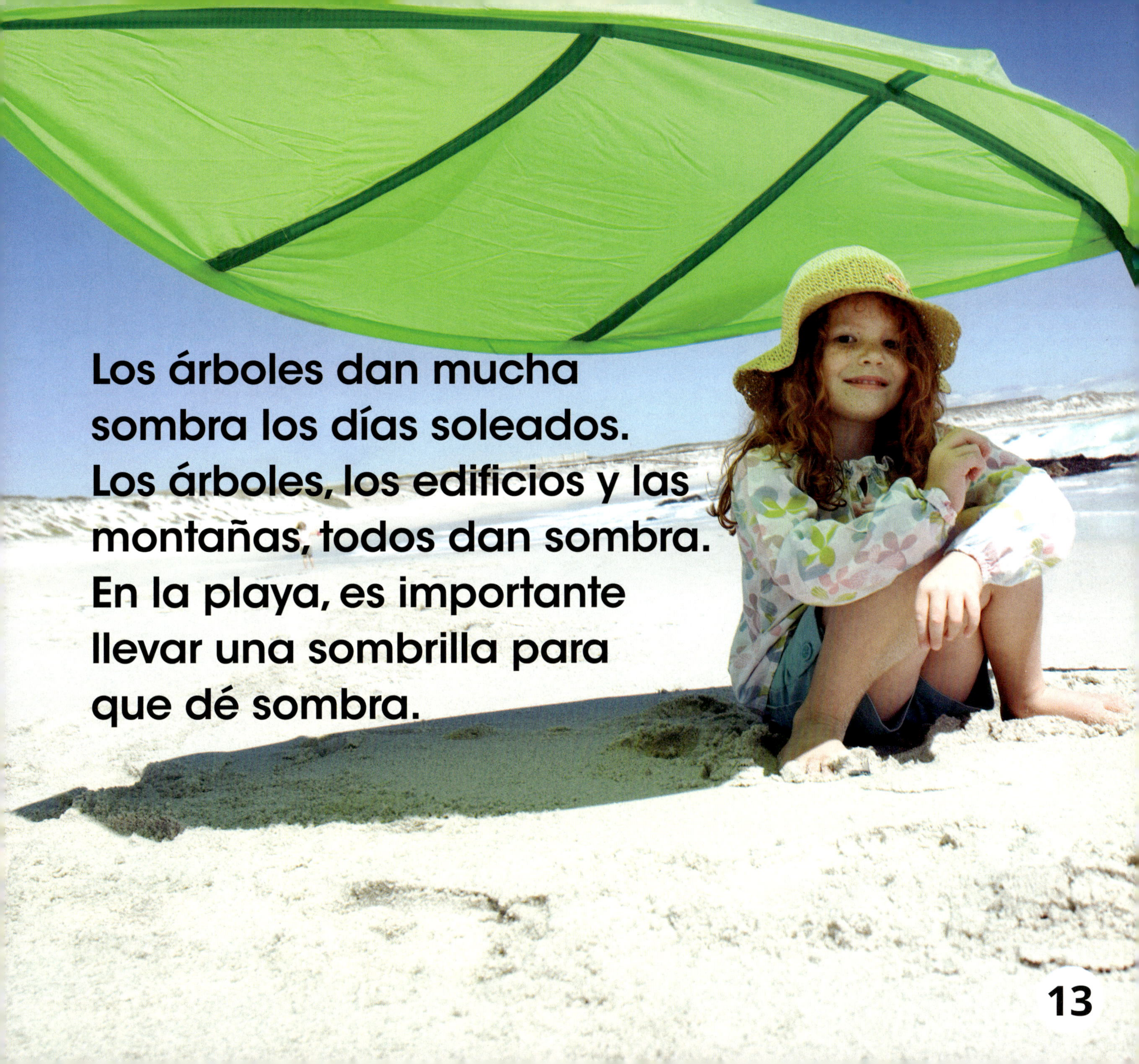

Los árboles dan mucha
sombra los días soleados.
Los árboles, los edificios y las
montañas, todos dan sombra.
En la playa, es importante
llevar una sombrilla para
que dé sombra.

La noche es un sombra mucho más grande. La Tierra siempre está girando. Durante el día, tu lado de la Tierra está mirando al sol. Por la noche, tu lado de la Tierra está mirando para el lado contrario. Estás en la sombra de la Tierra.

Sombras que cambian

Tu sombra cambia a lo largo del día. Al mediodía, el sol está bien alto en el cielo. Tu sombra es corta. ¿Qué hora del día muestra esta foto?

A la mañana y al atardecer, el sol está bajo. Tu sombra se estira. Cuando el sol está saliendo o se está poniendo, tu sombra es larga.

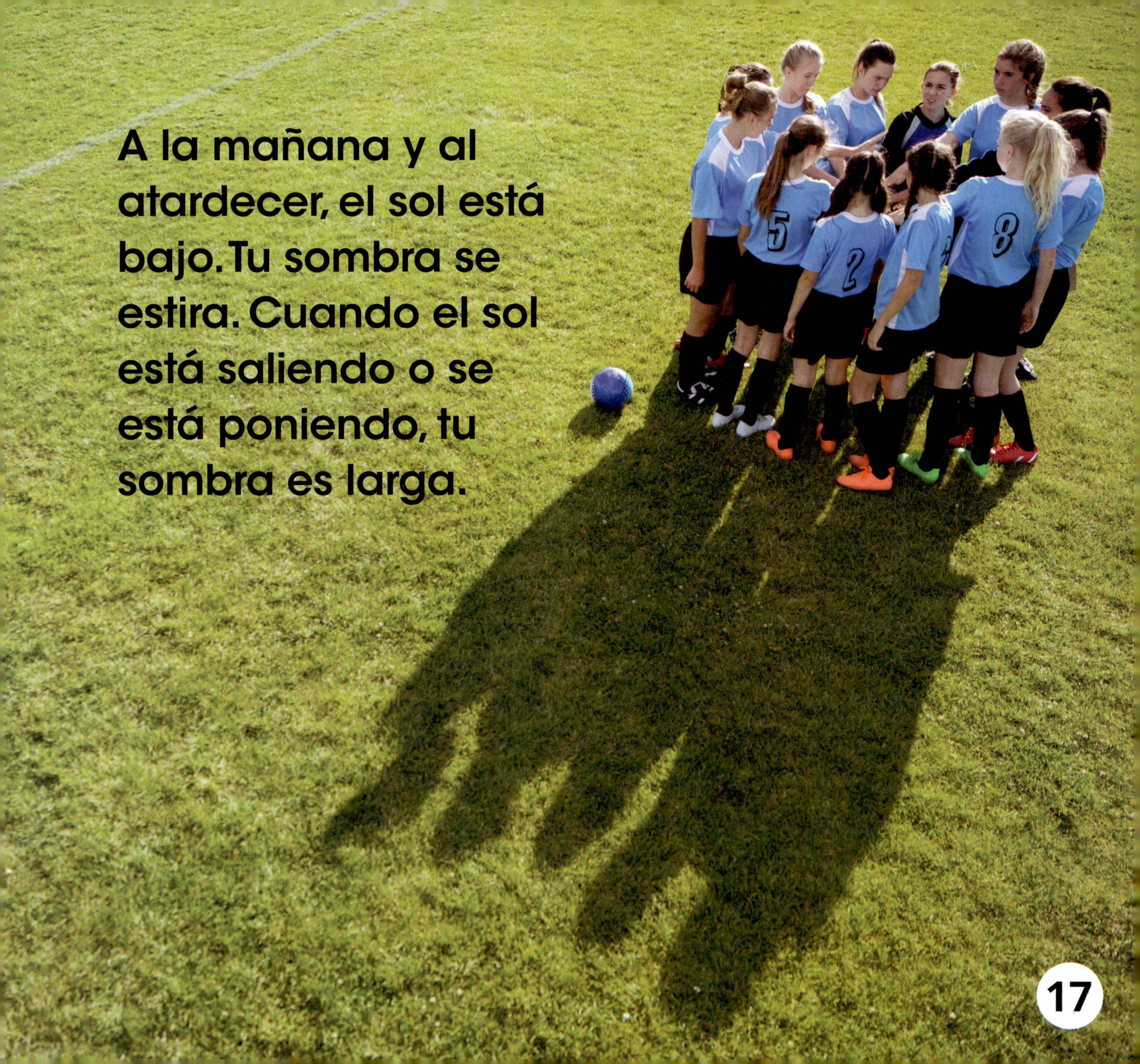

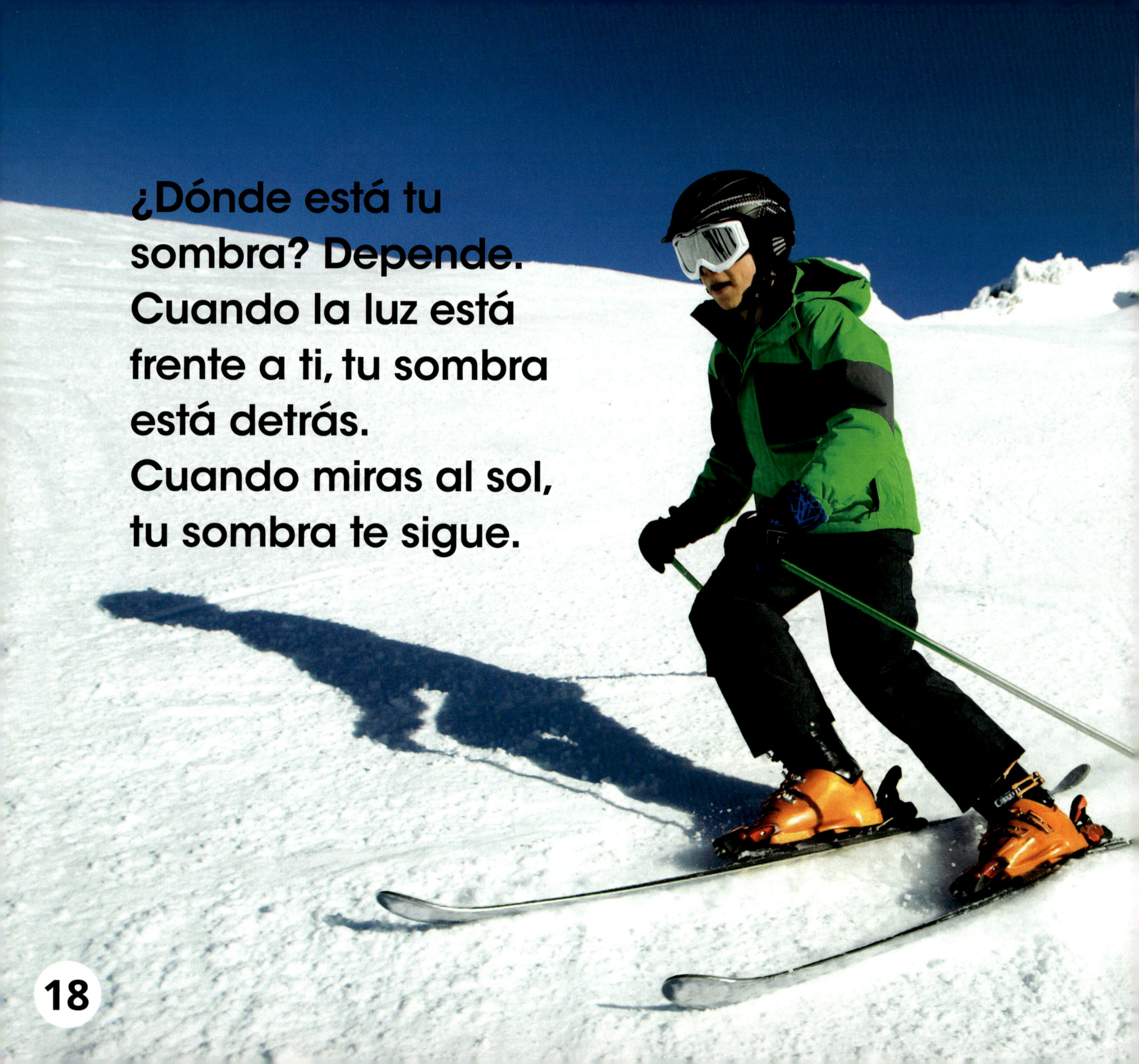

¿Dónde está tu sombra? Depende. Cuando la luz está frente a ti, tu sombra está detrás. Cuando miras al sol, tu sombra te sigue.

Cuando el sol brilla detrás de ti, tu sombra está delante tuyo. ¿De dónde viene la luz en esta imagen?

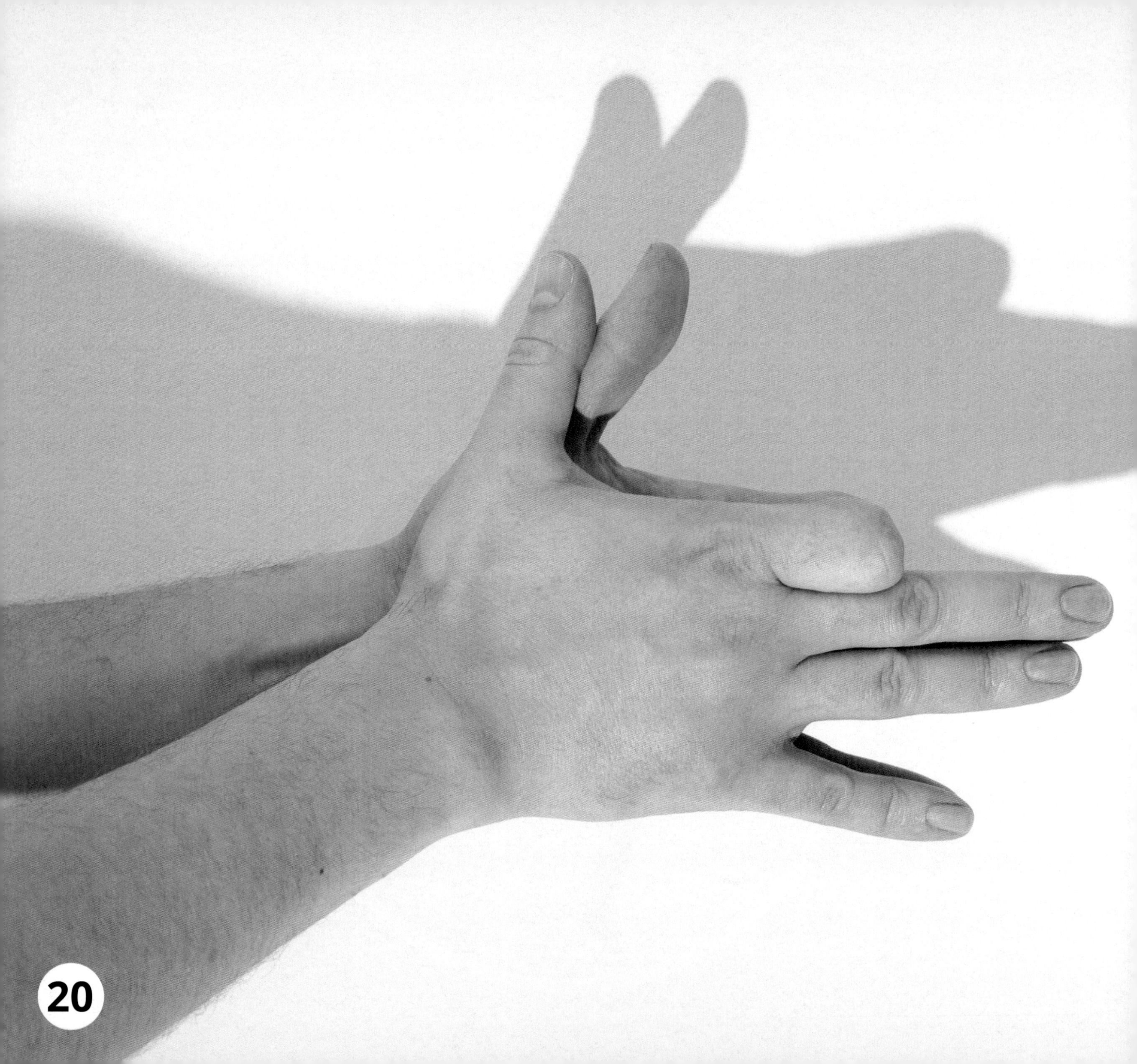
20

Sombras chinescas

¡Es hora de jugar con las sombras! ¿Puedes hacer la sombra de un monstruo con tus manos?¿Puedes meterte dentro de la sombra de tu amigo? Haz que tu sombra choque los cinco con la sombra de tu amigo. Observa todas las sombras diferentes que hay a tu alrededor.

SOMBRAS PÁLIDAS	SOMBRAS GRANDES	SOMBRAS BORROSAS
Algunas cosas no bloquean toda la luz y dejan pasar algo. Esas cosas proyectan sombras pálidas.	Las cosas grandes proyectan sombras grandes pero las cosas pequeñas también pueden proyectar sombras grandes. Cuanto más cerca esté algo de la luz, más grande será su sombra.	Cuando algo está lejos de su sombra, la sombra se ve borrosa.

Datos sobre las sombras

El **2 de febrero** se festeja el **día de la marmota**. Se dice que, si una marmota ve su sombra, el invierno dura **6** semanas **más**.

El **Burj Khalifa** de Dubai es el edificio **más alto** del mundo y puede proyectar una sombra de más de **63 millas** (100 kilómetros) de largo.

En realidad, la **temperatura** a la sombra no es más baja. Te **sientes más fresco** porque hay algo que está **impidiendo** que los rayos del sol calienten tu piel.

Los **eclipses solares** ocurren cuando el **sol** proyecta la sombra de la **luna** sobre la Tierra. El eclipse solar **más largo** duró **7 minutos** con **29 segundos**.

El **eclipse lunar** se produce cuando la sombra de la **Tierra** cae sobre la **luna**. El eclipse lunar **más largo** duró aproximadamente **3 horas** con **28 minutos**.

Los antiguos **egipcios** usaban las sombras para **saber la hora** con una herramienta llamada **reloj solar**. Los relojes solares usan la luz del sol para hacer sombras sobre una superficie plana marcada como un **reloj**.

Published by Smartbook Media Inc.
350 5th Avenue, 59th Floor New York, NY 10118
Website: www.openlightbox.com

Library of Congress Control Number: 2017961985

ISBN- 978-1-5105-3440-7 (hardcover)
ISBN 978-1-5105-3441-4 (multi-user eBook)

Printed in the United States of America in Brainerd, Minnesota
1 2 3 4 5 6 7 8 9 0 22 21 20 19 18

022018
011518

Spanish Project coordinator: Sara Cucini
Spanish Editor: Translation Services USA
English Project coordinator: Jared Siemens
Designer: Ana María Vidal

The publisher acknowledges Getty Images, iStock, Newscom, and Shutterstock as its primary image suppliers for this title.